SingLiesel

Satz: Satz für Satz, Wangen im Allgäu

Druck: FINIDR, s.r.o.
Printed in Czech Republic

ISBN 978-3-944360-28-7

2. Auflage

www.singliesel.de

Bildnachweise:
Blumen: Gizele/Shutterstock.com
Cover-Foto: Rido/Shutterstock.com

Natali Mallek – Annika Schneider

# WAHRNEHMUNGSSPIELE FÜR ALLE SINNE

# Inhalt


Vorwort . . . . . . . . . . . . . . . . . . . . . . . . . . . . . . . . 6

## Riechen

Blumenduft liegt in der Luft . . . . . . . . . . . . . . . . . . . 8
Es gibt Nachtisch! . . . . . . . . . . . . . . . . . . . . . . . . 10
Orangen und Zitronen . . . . . . . . . . . . . . . . . . . . . . 12
Düfte schreiben Geschichte . . . . . . . . . . . . . . . . . . . 14
Riech-Memospiel . . . . . . . . . . . . . . . . . . . . . . . . . . 16
Riech-Kim (Riech-Tütchen) mit echten Lebensmitteln . . 18
Riech-Kim (Riech-Gläschen)
mit Flüssigkeiten und ätherischen Ölen . . . . . . . . . . . . . 21

## Hören

Wer kennt das Lied? . . . . . . . . . . . . . . . . . . . . . . . 24
Was raschelt denn da? . . . . . . . . . . . . . . . . . . . . . . 26
Wer gibt den Takt an? . . . . . . . . . . . . . . . . . . . . . . 30
Hör-Memospiel . . . . . . . . . . . . . . . . . . . . . . . . . . . 32
Wo sind die Linsen? . . . . . . . . . . . . . . . . . . . . . . . 34
Tellerstapel . . . . . . . . . . . . . . . . . . . . . . . . . . . . 36
Wo spielt die Musik? . . . . . . . . . . . . . . . . . . . . . . . 38

## Tasten

Plätzchen ausstechen . . . . . . . . . . . . . . . . . . . . . . . 40
Wassertemperatur . . . . . . . . . . . . . . . . . . . . . . . . . 43
Welcher Knopf passt? . . . . . . . . . . . . . . . . . . . . . . . 45
Kirschkernbad . . . . . . . . . . . . . . . . . . . . . . . . . . . 47
Knetspiele . . . . . . . . . . . . . . . . . . . . . . . . . . . . . 49
Sandspiele . . . . . . . . . . . . . . . . . . . . . . . . . . . . . 51
Tastkisten . . . . . . . . . . . . . . . . . . . . . . . . . . . . . 53

# Inhalt

## Sehen

Was hab ich jetzt an? . . . . . . . . . . . . . . . . . . . . . . . . . . . . . 56
Ich sehe was . . . . . . . . . . . . . . . . . . . . . . . . . . . . . . . . . . 58
Puzzles. . . . . . . . . . . . . . . . . . . . . . . . . . . . . . . . . . . . . 60
Zeig dich! . . . . . . . . . . . . . . . . . . . . . . . . . . . . . . . . . . . 62
Was ist anders? . . . . . . . . . . . . . . . . . . . . . . . . . . . . . . . . 64
Die Farbe zählt . . . . . . . . . . . . . . . . . . . . . . . . . . . . . . . . 66

## Schmecken

Ein feiner Schmelz im Mund . . . . . . . . . . . . . . . . . . . . . . . . 68
Frisch gespresst . . . . . . . . . . . . . . . . . . . . . . . . . . . . . . . 70
Ein kleiner Apfel . . . . . . . . . . . . . . . . . . . . . . . . . . . . . . 72
Eisschlemmerei . . . . . . . . . . . . . . . . . . . . . . . . . . . . . . . 74
Abwarten und Tee trinken . . . . . . . . . . . . . . . . . . . . . . . . . 76
Geschmacks-Kim (Geschmacks-Teller) . . . . . . . . . . . . . . . 78

Wir nehmen jeden Tag so viel über unsere Sinne wahr, dass wir all die Sinneseindrücke, die uns über die Zeit begegnen, bei bestem Willen überhaupt nicht zählen könnten ... Wir riechen, schmecken, hören, sehen und fühlen. Was unsere Rezeptoren, Nervenbahnen und unser Gehirn bei einem einzigen auslösenden Reiz innerhalb kürzester Zeit leisten, ist sehr beeindruckend und nur schwer vorstellbar.

Unsere Sinne helfen uns aber nicht nur bei der Reizaufnahme und -weiterleitung, sie unterstützen sich auch gegenseitig – zum Beispiel, wenn einer unserer Sinne die Informationen nicht uneingeschränkt aufnehmen kann. Bei jemandem, der nicht gut sehen kann, sind der Geruchs- und Gehörsinn meist besser ausgebildet.

Alle Informationen, die wir über unsere Sinne aufnehmen, und die damit verbundenen Erinnerungen werden zeitlebens miteinander verglichen und immer wieder neu abgerufen. An was denken Sie zum Beispiel bei dem Duft von Sommerregen, von Tannengrün oder heißer Schokolade ...?

Mit dem Alter nehmen die Fähigkeiten unserer Sinne leider stetig ab – bei dem einen mehr, bei dem anderen weniger. Auch durch Erkrankungen können Einschränkungen bei der Reizaufnahme, -weiterleitung und bei der Reizverarbeitung entstehen.
Wir möchten die Menschen, die unter Sinneseinschränkungen leiden oder sich einfach wieder der Fähigkeiten ihrer Sinne bewusst werden wollen, dabei unterstützen, die vor-

handenen Fähigkeiten zu stärken und vielleicht sogar neue zu entdecken. In diesem Buch finden Sie eine Vielzahl an Ideen, Tipps und Anleitungen für Sinnesspiele, die Sie alle gut im Alltag umsetzen können. Wir haben dabei jedem unserer fünf Sinne ein Kapitel gewidmet:

- *dem Geruchssinn (Nase)*
- *dem Hörsinn (Ohren)*
- *dem Tastsinn (Haut)*
- *dem Sehsinn (Augen)*
- *und dem Geschmackssinn (Zunge)*

Zu allen Sinnesspielen finden Sie Materialvorschläge, Tipps für die Vorbereitung der Spiele, Spielanleitungen, Ideen für die Umsetzung sowie Vorschläge für Variationen. Denn auch diese Spiele sollten gut an die Fähigkeiten Ihrer Seniorengruppe angepasst sein, damit alle Mitspielenden viel Freude daran haben.

Wir wünschen Ihnen viel Spaß bei der Umsetzung und schöne Spiele-Augenblicke!

Natali Mallek und Annika Schneider

# BLUMENDUFT LIEGT IN DER LUFT

## Material

- Verschiedene Blumen, die duften
- Eine Blumenvase

## Vorbereitungen und Spielaufbau

Gestalten Sie einen hübschen Blumenstrauß mit unterschiedlichen Blumen, die duften. Das können sowohl Wildblumen als auch Schnittblumen sein. Stellen Sie den Strauß in eine Vase und dekorieren Sie damit einen Tisch. Eventuell nehmen Sie noch eine Tischdecke dazu und dekorieren das Ganze der Jahreszeit entsprechend. Stellen Sie für die teilnehmenden Senioren ausreichend Stühle bereit.

## So wird gespielt

Geben Sie den Senioren zu Beginn ein wenig Zeit, sich den Strauß genau anzusehen. Dann bitten Sie jeweils einen Mitspieler, die Augen zu schließen. Geben Sie ihm eine beliebige Blume in die Hand und lassen ihn daran riechen.

Das wäre sehr schwierig. Aber die Senioren können, angeregt durch den Duft, darüber spekulieren, wie die Blüten aussehen, welche Farbe sie haben, welche Form die Blätter haben, welche Blumenart es sein könnte … Und sie können überlegen, zu welchem Anlass man sie verschenken könnte, ob man sie selbst gerne geschenkt bekäme …

Es geht hier darum, ein wenig seine Fantasie spielen und die eigene Kreativität aufleben zu lassen. Zugleich wecken bestimmte Blumendüfte auch immer Erinnerungen an ganz besondere Augenblicke im Leben. Das können zum Beispiel die Blumen am Hochzeitsstrauß sein, die Blumen bei der ersten Verabredung mit dem späteren Ehemann/der späteren Ehefrau, eine besondere Blumensorte, die zum jährlichen Hochzeitstag verschenkt wurde, usw. Geben Sie den Senioren Raum, ihre kleine Geschichte zu erzählen.

## Varianten

Bitten Sie den Mitspieler, der an der Reihe ist, die Augen zu schließen. Reichen Sie ihm zwei unterschiedliche Blumen aus dem Strauß. Nennen Sie den Namen einer der beiden Blumen und bitten Sie den Mitspieler, diese Blume an ihrem Duft zu erkennen.

Stellen Sie zwei Sträuße auf den Tisch, wählen Sie für einen verschiedene Schnittblumen, für den anderen der Jahreszeit entsprechende Wildblumen. Gespielt wird reihum. Ein Teilnehmer schließt die Augen. Rücken Sie einen der Sträuße an seinen Platz. Kann er nur am Duft erkennen, ob er den Wildblumenstrauß oder den Schnittblumenstrauß vor sich hat?

# ES GIBT NACHTISCH!

## Material

- Puddingpulver zum Kochen in verschiedenen Sorten (Schokolade, Vanille, Karamell, Sahne, Grießpudding …)
- Milch
- Zucker
- Messbecher, Topf, Schneebesen
- Puddingschüsseln
- Trockentuch

## Vorbereitungen und Spielaufbau

Bereiten Sie verschiedene Sorten Pudding nach Rezept oder gemäß Packungsanleitung zu, und füllen Sie jede Sorte in eine eigene Schüssel. Lassen Sie den Pudding erkalten. Die Senioren sitzen bei diesem Sinnesspiel an einem großen Tisch. Bereiten Sie den Raum vor, und stellen Sie die Puddingschüsseln unter einem Trockentuch versteckt in die Mitte des Tisches.

## So wird gespielt

Bitten Sie die Senioren, die Augen zu schließen, und lassen Sie sie an einer Puddingschüssel riechen. Wer erkennt, was in der Schüssel ist? – Leichter wird es, wenn Sie zu Beginn sagen, dass Sie Pudding gekocht haben, aber nicht mehr wissen, wie die Sorte heißt. Können die Senioren Ihnen (ohne zu gucken!) helfen, das herauszufinden?

## Varianten

Die einfachste Variante ist die, bei der Sie nur zwei oder drei Puddingsorten kochen; die Senioren betrachten zu Beginn die Schüsseln und dürfen an ihnen schnuppern. Anschließend bitten Sie sie auch hier, die Augen zu schließen, und halten den Mitspielenden eine der Schüsseln unter die Nase. Welche Sorte Pudding ist darin?

Schwieriger wird es, wenn die Senioren sich den Pudding zu Beginn nicht anschauen und gleich drei Sorten vor die Nase gesetzt bekommen. Können sie riechen, welche Sorten sich in den Schüsseln befinden?

Andersherum: Wählen Sie zwei oder drei Sorten Pudding aus. Bitten Sie die Mitspielenden, mit geschlossenen Augen den Schokoladenpudding (oder eine beliebige andere Sorte) zu erkennen.

Zum Schluss darf der Pudding natürlich gemeinsam gegessen werden …

# ORANGEN UND ZITRONEN

## Material

- Orangen
- Zitronen
- Brettchen und scharfes Messer
- Saftpresse
- In der Winterzeit evtl. Nelken
- Kleine Teller, zum Beispiel Untertassen
- Dessertschälchen oder Ähnliches

## Vorbereitungen und Spielaufbau

Bereiten Sie einen Tisch mit ausreichend Sitzgelegenheiten für die Senioren vor. Legen Sie alle mitgebrachten Materialien in die Tischmitte. Bei diesem Spiel verzichten wir bewusst auf weitere Vorbereitungen, damit die Orangen und Zitronen später ihr volles Aroma entfalten können.

## So wird gespielt

Auch wenn bei diesem Sinnesspiel der Geruchssinn im Mittelpunkt steht – geben Sie den Senioren die Orangen und Zitronen zu Beginn einmal in die Hand. Die Teilnehmer haben nun Zeit, sich die Früchte in Ruhe anzusehen und die Struktur ihrer Schalen zu ertasten.

Schneiden Sie die Orangen und Zitronen in Scheiben und legen Sie jeweils eine Scheibe auf einen Unterteller. Bitten Sie die Senioren, ihre Augen zu schließen und nur durch Riechen zu bestimmen, auf welchem Teller eine Orangen- und auf welchem eine Zitronenscheibe liegt. Dafür geben Sie den Teilnehmern jeweils einen Teller in die Hand, oder Sie halten den Teller so, dass sie gut daran riechen können.

In der nächsten Runde schneiden Sie ganze Früchte durch und pressen den Saft aus. Geben Sie den Saft (getrennt) in kleine Schälchen, und bitten Sie die Senioren erneut, nur anhand des Duftes den Zitronensaft und den Orangensaft zu erkennen.
Auch die Schale der Zitrusfrüchte hat einen ganz bestimmten Duft. Schälen Sie einige Früchte, und geben Sie die Schalen auf zwei Tellern in die Runde. Wer erkennt die Orange, und wer die Zitrone?

### Varianten

Bringen Sie einen weiteren Saft mit ins Spiel, von dem Sie erst einmal nicht verraten, aus welchem Obst er gemacht wurde. Eventuell füllen Sie ihn in ein kleines Porzellankännchen, damit man die Farbe nicht gleich erkennen kann. Für die Übung bieten sich beispielsweise Apfel- oder Traubensaft an. Bitten Sie die Senioren wieder, mit geschlossenen Augen zu erkennen, welchen Saft sie in den Gefäßen buchstäblich vor der Nase haben. In der nächsten Runde geben Sie vor, welcher Saft herausgeschnuppert werden soll; bieten Sie dafür wieder drei verschiedene Säfte an.

In der Winterzeit lassen sich die Orangen wunderbar mit Nelken spicken. Geben Sie den Senioren die gespickten Orangen in die Hand, und lassen Sie sie von den Erinnerungen erzählen, die sie an diesen Duft haben …

# DÜFTE SCHREIBEN GESCHICHTE

## Material

- Dinge, die Erinnerungen an besondere Düfte aus dem Leben der Mitspielenden wecken sollen, *beispielsweise:*
  - *Fotos (z. B. von einer Tankstelle, einem Marktplatz, einer Metzgerei, einem Auto …)*
  - *Schuhcreme*
  - *Kernseife*
  - *Backwaren*
  - *Blumen*
  - *Mottenkugeln (evtl. in einem verschließbaren Behälter)*
  - *Kaffeebohnen*
  - …

## Vorbereitungen und Spielaufbau

Überlegen Sie sich ein paar Gegenstände oder Lebensmittel, an die die Senioren besondere Dufterinnerungen haben könnten. Die genannten Dinge dienen nur als Beispiele. Von Gebäuden (Tankstelle o. Ä.) oder anderen großen Gegenständen genügen auch Fotos. Bereiten Sie einen Stuhlkreis vor, und legen Sie die mitgebrachten Materialien ansprechend in die Mitte.

## So wird gespielt

Geben Sie den Senioren zu Beginn ein wenig Zeit, um sich die Gegenstände in Ruhe anzusehen. Dann fragen Sie sie nach ihren ganz persönlichen Dufterinnerungen, die sie in ihrem Leben besonders geprägt haben. Machen Sie deutlich, dass die mitgebrachten Materialien nur als Beispiele dienen sollen und dass die Geschichten so verschieden sein werden, wie die unterschiedlichen Lebensgeschichten der Senioren. Stellen Sie gegebenenfalls gezielte Fragen, die das Erzählen bei den einzelnen Teilnehmenden anregen können. Oft hilft es den Senioren, wenn man nach Erinnerungen an bestimmte Personen in der Familie fragt. Dann kommen Geschichten über die Mottenkugeln im Schrank der Oma, den Geruch im Keller der Tante, den Duft in der Küche, wenn die Mutter sonntags gekocht hat, den Geruch der Sitzpolster im Auto des Vaters, Besuche bei der Tankstelle mit dem Opa, Markteinkäufe, Metzgerei- oder Bäckereibesuche und vieles mehr.

### Variante

Wählen Sie einen der von Ihnen mitgebrachten Gegenstände aus und halten Sie ihn hoch. Eventuell geben Sie ihn einmal im Kreis herum. Fragen Sie, wer eine Dufterinnerung an diesen Gegenstand hat und eine Geschichte dazu erzählen möchte. Schwelgen Sie gemeinsam in Erinnerungen …

# RIECH-MEMOSPIEL

## Material

- Kleine Gläser (evtl. auch Filmdosen)
- Watte
- Unbedenkliche Duftöle
- Papier, Klebeband und Stift

## Vorbereitungen und Spielaufbau

Kleine Wattebausche werden in die Gläser oder Filmdosen gelegt. Beträufeln Sie nun jeweils zwei Wattebausche mit demselben Duftöl. Schreiben Sie den Duft auf kleine Zettel und kleben Sie diese unter die entsprechenden Gläser bzw. die Dosen, damit man die Paare hinterher leichter identifizieren kann.

Bereiten Sie einen Tisch mit Sitzgelegenheiten vor und stellen Sie die Gläser in die Mitte.

## So wird gespielt

Erklären Sie den Senioren zu Beginn dieses Sinnesspiels, dass sich jeweils in zwei Gläsern derselbe Duft befindet. Bitten Sie sie, nur durch Riechen die Paare ausfindig zu machen. Gespielt wird reihum. Derjenige, der an der Reihe ist, sucht sich zwei Gläser oder Filmdosen aus und riecht an den Wattebauschen. Ist es derselbe Duft, nimmt der Teilnehmer das Pärchen aus dem Spiel. Ist es nicht derselbe Duft, werden die Gläser an ihre Plätze zurückgestellt, und der Nächste in der Runde ist an der Reihe. – Wichtig ist, dass die entsprechenden Düfte jedes Mal erkannt und laut benannt werden, damit alle Mitspielenden nach und nach wissen, wo sich welcher Duft befindet. Sind sich die Senioren unsicher, schauen sie zur Kontrolle einfach unter das Glas. Diese Aufgabe kann ggf. auch die Spielleitung übernehmen.

## Varianten

Diese Wahrnehmungsübung wird leichter, wenn man die Gläserpaare mit zwei Farben kennzeichnet. Dafür kleben Sie jeweils auf einen „Partner" eine roten, und auf den anderen einen blauen Punkt (natürlich sind auch andere Farben möglich). Die Gläser werden in zwei Gruppen auf den Tisch gestellt. Erklären Sie den Senioren, dass sie nun ein Paar finden sollen, das sich aus einem Glas mit blauem und einem Glas mit rotem Punkt zusammensetzt – d. h. es soll jeweils an einem Glas mit rotem und an einem mit blauem Punkt geschnuppert werden.

Alternativ kann man den Duft sichtbar auf je eins der Partner-Gläser schreiben. Geschnuppert wird zunächst an den unbeschrifteten Gläsern. Wurde der Duft erkannt, wird das Gläschen dem entsprechenden beschrifteten Glas zugeordnet. Auch bei diesem Sinnesspiel gilt selbstverständlich: Je weniger Paare auf dem Tisch stehen, desto leichter ist die Wahrnehmungsübung.

# RIECH-KIM (RIECH-TÜTCHEN) MIT ECHTEN LEBENSMITTELN

## Material

- Kleine Papiertüten (Butterbrottüten)
- Evtl. kleine Marmeladen- oder Teelichtgläser
- Bei Bedarf ein dünnes Tuch oder eine Serviette
- Lebensmittel mit einem starken Eigengeruch, *zum Beispiel*
  - *Kaffeepulver oder -bohnen*
  - *loser Tee*
  - *frisches Brot*
  - *Käse*
  - *geräucherte Wurstsorten*
  - *geschnittenes Obst (Apfel, Banane)*
  - *Marmeladen*
  - *Honig*
  - *geschnittene Paprika*
  - *Plätzchen*
  - *frische Hefe*
  - *Vanillestange*
  - *Schokolade*
  - *Pudding*
  - *frische Waffeln*
  - *Fruchtjoghurt*
  - *getrocknete oder frische Kräuter*
  - …

## Vorbereitungen und Spielaufbau

Geben Sie die Lebensmittel einzeln in die kleinen Papiertüten. Schneiden Sie dafür das Brot, Obst, Gemüse etc. in kleine Stücke, und zupfen Sie die frischen Kräuter klein – so können sie ihren typischen Duft entfalten. Flüssige oder stark fettende Lebensmittel wie zum Beispiel Joghurt, Marmelade oder Wurst bzw. Käse werden erst in die kleinen Marmeladen- oder Teelichtgläser gefüllt und anschließend in die Papiertüten hineingestellt.

Bereiten Sie einen großen Tisch mit Stühlen vor, und stellen Sie die gefüllten Papiertüten in die Mitte, evtl. auf ein Tablett. Wenn Sie ganz sichergehen möchten, dass niemand vorher in die Tüten hineinlugt, decken Sie sie mit einem dünnen Tuch oder einer Serviette ab.

## So wird gespielt

Die Tüten werden nacheinander durch die Runde gegeben. Bitten Sie die Senioren zu erraten, welche Lebensmittel sich darin befinden. Diese sollen allein durch Riechen erkannt werden. Wenn möglich, schließen die Senioren dabei die Augen.

Geben Sie die Tüten einzeln in die Runde. Fangen Sie dabei jedes Mal bei einer anderen Person an. So hat jeder Teilnehmer die Möglichkeit, einmal als Erster an den Lebensmitteln zu riechen. Erst wenn alle einmal geschnuppert haben, wird die nächste Tüte ins Spiel gegeben …

Wurde eine Lebensmittelprobe erkannt, lassen Sie sie ruhig noch einmal durch die Runde gehen. Dadurch haben diejenigen, die vorher unsicher waren, die Möglichkeit, den Duft „richtig" wahrzunehmen.

## Varianten

In fitten Gruppen kann man aus der Wahrnehmungsübung ein richtiges Quiz machen. Wählen Sie fünf bis zehn Lebensmittelproben aus und nummerieren Sie die Tüten durch. Verteilen Sie Papier und Stifte an die teilnehmenden Senioren. Dann werden die Tüten reihum gegeben. Alle schreiben die Namen der Lebensmittel, die sie meinen, erkannt zu haben, nummeriert auf den Zettel. Erst wenn alle fertig sind, werden die Vermutungen verglichen, und das Rätsel wird aufgelöst.

Eine weitere Möglichkeit ist es, gleich drei oder vier stark riechende Lebensmittel in eine einzige Tüte oder auf einen Pappteller zu legen. Bitten Sie die Mitspielenden, die Augen zu schließen. Können die Senioren nur durch Riechen alle Lebensmittel bestimmen?

Generell gilt: Je stärker die Düfte, desto leichter ist die Sinnesübung. Auch hier sollte man die Senioren nicht überfordern. Je nach Ressourcen der Mitspieler wählen Sie entweder mehr oder weniger Lebensmittelproben aus.

# RIECH-KIM (RIECH-GLÄSCHEN) MIT FLÜSSIGKEITEN UND ÄTHERISCHEN ÖLEN

## Material

- Kleine Marmeladengläser mit Schraubdeckeln plus einen Deckel extra
- Alufolie oder kleine Papiertüten
- Watte
- Handbohrer, alternativ einen Dosenstecher (Dosenmilchöffner)
- Flüssigkeiten, die einen typischen Geruch haben, *zum Beispiel*
  - *Waschmittel, Spülmittel*
  - *Seife, Duschgel*
  - *Flüssigwürze*
  - *Säfte*
  - *Bittermandelöl*
  - *wenn möglich auch gerne Bier, Rum oder Wein*
  - *Essig (Vorsicht! Nicht zu nah mit der Nase herangehen!)*
  - *Speiseöl*
  - *Duftwasser (vertraute Marke)*
  - *Bodenreiniger*
  - …

- Unbedenkliche ätherische Öle, die gut erkannt werden können, *beispielsweise*
  - *Zitrone*
  - *Melisse*
  - *Pfefferminz*
  - *Vanille*
  - *Orange*
  - *Moschus*
  - …

## Vorbereitungen und Spielaufbau

Die Flüssigkeiten werden in die Marmeladengläser gefüllt. Es genügt eine Füllhöhe von ca. einem Zentimeter; bei Essig, der Flüssigwürze und Bittermandelöl reicht auch deutlich weniger. Die ätherischen Öle träufeln Sie auf einen Wattebausch und legen diesen in das Marmeladenglas. Die Gläser werden verschlossen und mit der Alufolie ummantelt, sodass man den Inhalt nicht mehr erkennen kann. Alternativ stellt man die Gläser in kleine Papiertüten und schneidet den überstehenden Rand ab.

Nun bohren oder stechen Sie mit dem Handbohrer oder Dosenstecher Löcher in den übrig gebliebenen Deckel. Bereiten Sie einen Tisch mit Stühlen vor, und stellen Sie die Gläser in die Mitte.

## So wird gespielt

Wählen Sie das erste Glas aus und schrauben Sie den durchlöcherten Deckel darauf. Dann geben Sie das Glas durch die Runde und bitten die Senioren zu erschnuppern, was sich in dem Glas befinden könnte. Haben alle an dem Glas gerochen, können die Senioren ihre Vermutungen dazu äußern. Danach wird aufgelöst. Wer möchte, darf selbstverständlich nach der Auflösung noch einmal daran riechen. Im Anschluss wird der nächste Duft in die Runde gegeben.

Bevor Sie den Essig herumreichen, geben Sie den Teilnehmenden bitte das Signal, besonders vorsichtig an dem entsprechenden Glas zu riechen und nicht zu nah an den Deckel heranzugehen. Starten Sie mit jedem Glas bei einer anderen Person aus der Runde, sodass alle die Möglichkeit haben, einmal als Erster an einem Glas zu riechen.

## Variante

Wählen Sie drei verschiedene Flüssigkeiten aus und bitten Sie einzelne Teilnehmer, durch Riechen eine bestimmte aus den dreien herauszusuchen (zum Beispiel das Spülmittel). Danach werden drei andere Düfte zur Auswahl gestellt.

# WER KENNT DAS LIED?

## Material

- Bekannte Schlager und Volkslieder – auf CD, MP3, USB-Stick …
- Ein Gerät zum Abspielen der Lieder

## Vorbereitungen und Spielaufbau

Bereiten Sie einen Raum vor, in dem sich die Senioren möglichst gut konzentrieren können. Die Teilnehmer können entweder um einen großen Tisch herum oder in einem Stuhlkreis sitzen. Platzieren Sie das Abspielgerät so, dass man die Musik an jedem Platz gut hören kann. Bei diesem Sinnesspiel sollte man die Sitzordnung etwas im Auge behalten: Mitspieler, die ein Hörgerät tragen, sollten etwas weiter von den Lautsprechern entfernt sitzen. Senioren, die ein eingeschränktes Hörvermögen haben, jedoch kein Hörgerät tragen, können gerne nah an der Musikquelle sitzen. Machen Sie, bevor Sie mit dem Spiel beginnen, mit einem beliebigen Lied (das nicht Teil der Übung ist) einen Test, ob alle die Musik gut hören können.

## So wird gespielt

Spielen Sie jeweils die ersten Takte eines bekannten Volksliedes oder Schlagers an. Je kürzer die Sequenz, desto schwieriger wird das Raten. Fragen Sie die Senioren, ob sie das Lied erkannt haben. Wurde der Titel erraten, spielen Sie die erste Strophe und den Refrain einmal komplett ab. Es macht Freude, das Lied anschließend gemeinsam zu singen. Das ist mit oder ohne musikalische Begleitung möglich.

## Varianten

Die Länge der musikalischen Sequenzen passen Sie einfach an die Fähigkeiten der teilnehmenden Senioren an. Manchmal ist es auch von Liedtitel zu Liedtitel unterschiedlich, wie schnell das Volkslied oder der Schlager erkannt werden. Das kann zum Beispiel am Bekanntheitsgrad des Titels liegen oder an der Art des Intros.

Versuchen Sie doch einmal, eine beliebige Textzeile aus der Mitte anzuspielen. Oder Sie machen für die etwas fitteren Senioren eine spannende Raterunde aus dem Musikrätsel. Teilen Sie dafür Blätter und Stifte aus, und spielen Sie kurze Ausschnitte von drei bis fünf Titeln hintereinander an. Die Senioren sollen die Titel, die sie wiedererkennen, aufschreiben. Konnten alle Titel erkannt und notiert werden?

# WAS RASCHELT DENN DA?

## Material

- Eine Stellwand oder ein großer Karton
- Papier
- Aluminiumfolie
- Kugelschreiber
- Mehrere Teller
- Kaffeetasse mit Untertasse
- Eine Schere
- Besteck
- Ein Buch
- Stricknadeln
- Plastikfolie
- Ein Glas
- Eine Glasflasche Mineralwasser mit Kohlensäure
- Ein Schlüsselbund
- Klebefilmrolle
- Geldbörse mit Münzen
- Raschelndes Bonbonpapier
- Ein Locher
- … und andere Gegenstände und Materialien, die Geräusche machen

## Vorbereitungen und Spielaufbau

Bauen Sie eine Stellwand auf und ordnen Sie Stühle im Halbkreis davor an. Sollte Ihnen keine Stellwand zur Verfügung stehen, können Sie diese gut durch einen großen Karton ersetzen, der einfach auf einen Tisch gestellt wird. Die Anordnung der Stühle bleibt dabei die gleiche. (Die kreativen Köpfe unter uns können alternativ aus drei zusammenhängenden Seitenteilen des Kartons eine Art Sichtschutz gestalten. Dieser kann auch auf einen Tisch gestellt werden.)

Legen Sie die mitgebrachten Materialien versteckt hinter die Stellwand, in den Karton bzw. hinter die Kartonwand.

## So wird gespielt

Machen Sie, für die Teilnehmenden unsichtbar, mit den mitgebrachten Gegenständen und Materialien nacheinander typische Geräusche. Die Senioren sollen erraten, welches Geräusch sie gehört haben und welche Gegenstände Sie dafür benutzt haben.

*Geräusche, die von den Senioren gut erkannt werden können, sind zum Beispiel:*

- ▷ *eine Wasserflasche öffnen*
- ▷ *Teller stapeln*
- ▷ *ein Stück Papier zerreißen*
- ▷ *mit einer Schere Papier schneiden*
- ▷ *Papier zerknüllen*
- ▷ *Alufolie zerknittern*
- ▷ *die Mine eines Kugelschreibers herausdrücken*
- ▷ *mit einem Schlüssel klimpern*
- ▷ *Klebefilm von einer Klebefilmrolle abrollen*
- ▷ *ein Glas Wasser einschenken*
- ▷ *mit einem Messer an den Glasrand klimpern*
- ▷ *mit Besteck klappern*
- ▷ *eine Tasse auf eine Untertasse stellen*
- ▷ *Münzen aus einer Geldbörse heraussuchen*
- ▷ *ein Blatt Papier lochen*
- ▷ *mit Bonbonpapier rascheln*
- ▷ *ein Buch umblättern*
- ▷ …

Wurden die Geräusche erraten, zeigen Sie die Materialien und Gegenstände einmal in die Runde. Dann legen Sie sie wieder zurück zu den anderen. Geben Sie den Senioren die Gegenstände im Anschluss an das Spiel auch einmal in die Hand – das haptische Empfinden unterstützt die Sinnesanregung.

## Varianten

Je nach Aufmerksamkeitsspanne der teilnehmenden Senioren nehmen Sie entweder mehr oder weniger Gegenstände. Oft kann man während des Spiels gut einschätzen, wie viele Geräusche noch erraten werden können. Das können Sie bei diesem Sinnesspiel wirklich gut und flexibel variieren.

Als Variante können Sie zum Beispiel auch ein Geräusch ansagen, das unter drei vorgemachten erkannt werden soll. Geben Sie zum Beispiel vor: „Schließen Sie die Augen. Erkennen Sie das Klirren eines Messers an einem Glasrand?“ Dann können Sie das Messer jeweils einmal an einem Glas, an einer Tasse und einem Buch anschlagen. Erraten die Senioren, welches Geräusch das Richtige ist?

# WER GIBT DEN TAKT AN?

## Material

- Die eigene Hand oder die Finger
- Eventuell gesammelte Stöcke aus Wald oder Garten, Trommelstöcke oder die Schlegel eines Glockenspiels

## Vorbereitungen und Spielaufbau

Bereiten Sie einen großen Tisch mit Sitzmöglichkeiten vor, an dem alle teilnehmenden Senioren ausreichend Platz haben. Wenn Sie mit Stöcken, Schlegeln oder Trommelstöcken spielen möchten, legen Sie die Materialien in die Mitte des Tisches. Die eigenen Hände oder Finger wären für das Spiel aber auch ausreichend.

## So wird gespielt

Trommeln Sie mit der flachen Hand, ihrem Finger oder einem der Stöcke bzw. Schlegel einen einfachen Takt auf die Tischkante. Die Senioren trommeln den Takt anschließend nach. Danach denken sich die Senioren reihum selbst einen Rhythmus aus, den sie den anderen Mitspielern vormachen. Auch hier wird der Rhythmus von allen nachgetrommelt.

## Varianten

Gestalten Sie einen Trommel-Dialog unter den Senioren, indem Sie die Mitspieler in zwei Gruppen aufteilen. Trommeln Sie einen beliebigen Takt vor, und lassen Sie ihn zunächst von allen nachtrommeln. Dann trommelt die erste Gruppe einmal den Takt vor, im Anschluss „antwortet“ die zweite Gruppe mit dem gleichen Rhythmus. Dies kann mehrmals wiederholt werden, bis Sie der Gruppe einen neuen Takt vorgeben.

Schwierig wird es, wenn beide Gruppen verschiedene Rhythmen klopfen, also jede ihren eigenen Takt. Geben Sie die Rhythmen entsprechend vor. In fitten Gruppen macht es Spaß, dies auszuprobieren.

Bei einer andere Variante werden die Takte statt mit einer Hand mit beiden Händen abwechselnd geklopft. Ein Beispiel: Der Rhythmus ist lang-kurz-kurz-lang. In diesem Fall könnte einmal mit der rechten Hand, zweimal mit der linken und wieder einmal mit der rechten Hand geklopft werden. Der Rhythmus wird so weitergeführt. Hier können Sie sich beliebige Varianten und Schwierigkeitsstufen ausdenken.

# HÖR-MEMOSPIEL

## Material

- Kleine verschließbare Kunststoffdosen *(etwa Filmdosen, leere Kaugummidosen mit Deckel, kleine Cremetiegel oder blickdichte Frischhaltedosen)*
- Kleine Gegenstände, wie *zum Beispiel*
  - *Nägel*
  - *Büroklammern*
  - *Münzen*
  - *Reiskörner*
  - *Nudeln*
  - *Erbsen*
  - *Linsen*
  - *Reißzwecken*
  - *Perlen*
  - …

## Vorbereitungen und Spielaufbau

Geben Sie in jeweils zwei Dosen eine kleine Menge desselben Materials – möglichst so, dass sich der Inhalt gleich anhört, wenn man ihn schüttelt. Am besten bereiten Sie einmal ein buntes Potpourri an Dosen mit verschiedenen Materialien vor. Wie viele und welche Paare Sie dann in Ihren Aktvierungen einsetzen, können Sie spontan entscheiden, je nach den Fähigkeiten der jeweiligen Teilnehmer Ihrer Angebote.

Bereiten Sie einen Tisch mit Sitzmöglichkeiten vor, und stellen Sie die Dosen des Hör-Memospiels in die Mitte.

## So wird gespielt

Mischen Sie die Dosen vor Spielbeginn. Diese Aufgabe kann gerne jemand aus der Seniorenrunde übernehmen. Dann sollen Paare gefunden werden – und zwar ausschließlich anhand der Geräusche, die die Gegenstände in den Dosen machen. Dafür nehmen die Senioren die Dosen in die Hand und schütteln sie.

Ob Sie das Paarefinden nach den Regeln des klassischen Memospiels gestalten, oder ob Sie die Senioren nach Belieben ausprobieren lassen, bleibt Ihnen überlassen. Sie können es wie immer von der Gruppensituation und den Fähigkeiten der teilnehmenden Senioren abhängig machen. Das Spiel eignet sich übrigens auch gut für die Begleitung einzelner Senioren.

## Varianten

Um das Spiel etwas leichter zu machen, können Sie die Dosen in zwei Gruppen einteilen. Um sie auseinanderhalten zu können, kleben Sie farbige Punkte auf die Deckel – jeweils ein Partner eines Paares erhält einen Punkt in der einen Farbe, der zweite einen Punkt in einer anderen Farbe. Ordnen Sie die Dosen nach diesen zwei Gruppen an. Nun muss immer eine Dose aus der einen Gruppe einer Dose der zweiten Gruppe zugeordnet werden.

Je mehr Dosen auf dem Tisch stehen, desto schwieriger wird das Spiel. Die Anordnung und die Anzahl der Dosen können Sie aber ganz individuell und flexibel bestimmen.

# WO SIND DIE LINSEN?

## Material

- Kleine verschließbare Kunststoffdosen *(etwa Filmdosen, leere Kaugummidosen mit Deckel, kleine Cremetiegel, blickdichte Frischhaltedosen)*
- Karteikarten
- Streufähige Lebensmittel, *zum Beispiel*
  - *Reis*
  - *kleine Nudeln*
  - *Erbsen*
  - *Linsen*
  - *getrocknete Bohnen*
  - *Mehl*
  - *Zucker*
  - *getrocknete Kräuter*
  - …

## Vorbereitungen und Spielaufbau

Füllen Sie die Kunststoffdosen mit den verschiedenen Lebensmitteln (pro Lebensmittelsorte eine Dose) und verschließen Sie die Dosen mit einem Deckel. Der Name jeder Lebensmittelsorte wird einzeln auf eine Karteikarte geschrieben.

Bereiten Sie einen Tisch mit Stühlen vor und planen Sie ausreichend Platz für Rollstuhlfahrer ein. Stellen Sie die Dosen mit den Lebensmitteln in die Tischmitte, und verteilen Sie die Karten verdeckt rundherum.

## So wird gespielt

Decken Sie die Karten zusammen mit den teilnehmenden Senioren auf. Es wird laut vorgelesen, was daraufsteht. Sprechen Sie darüber, wie sich die Lebensmittelsorten in der Dose anhören könnten – hart, weich, laut, leise, ob man kleine Teile hört oder große, usw. Dann bitten Sie die Senioren, allein durch Schütteln der Dosen herauszufinden, in welcher Dose sich welche Lebensmittelsorte befindet. Dafür können die Karten einfach danebengelegt werden. Im Anschluss überprüfen alle zusammen, ob sie mit den Lösungen einverstanden sind. Wenn man sich gar nicht sicher ist, darf man zum Schluss natürlich in die Dosen hineinschauen …

## Varianten

Spielen Sie das Spiel einmal anders herum: Legen Sie drei oder vier Kärtchen neben eine der gefüllten Dosen. Bitten Sie die Senioren, allein durch Hören herauszufinden, welches der genannten Lebensmittel sich darin befindet.

Eine weitere Variante ist es, drei der Dosen zur Auswahl bereitzustellen und zu fragen, welche Dose eine bestimmte Lebensmittelsorte enthält. Finden die Mitspieler es heraus?

Bei diesen Übungen können Sie natürlich den Schwierigkeitsgrad selbst bestimmen und variieren. Reis und kleine Nudeln zu unterscheiden ist zum Beispiel schwieriger als Mehl und Linsen …

# TELLERSTAPEL

## Material

- Teller aus Porzellan, Glas oder Melamin (ca. zehn Stück)
- Ein Flipchart und ein dicker Filzstift

## Vorbereitungen und Spielaufbau

Wählen Sie für dieses Spiel, wenn möglich, einen Raum aus, in dem Sie nicht durch andere Geräusche gestört werden. Die Mitspielenden sollten sich gut konzentrieren können und nicht durch Nebengeräusche abgelenkt werden. Für dieses Sinnesspiel bereiten Sie einen Tisch mit Sitzgelegenheiten für die Senioren vor (Stühle sowie Plätze für Rollstühle). Die Teller werden nebeneinander auf dem Tisch verteilt. Zeichnen Sie auf das Flipchart eine Tabelle mit den Namen aller Mitspieler.

## So wird gespielt

Die Senioren sitzen am Tisch. Einer der Gruppenteilnehmer ist der sogenannte „Tellerstapler“. Alle übrigen Senioren schließen die Augen. Der „Tellerstapler“ versucht nun, so lautlos wie möglich die Teller vom Tisch zu nehmen und aufeinanderzustapeln. Sobald einer der Mitspieler ein Geräusch hört, muss er aufhören. Die aufeinandergestapelten Teller werden gezählt und in die Tabelle eingetragen. Dann ist der Nächste an der Reihe. Derjenige, der die meisten Teller aufeinanderstapeln kann, ohne dass jemand etwas hört, hat das Spiel gewonnen.

## Varianten

Geben Sie dem „Tellerstapler“ ggf. die Teller einzeln an, so kommt es nur noch darauf an, die Teller lautlos zu stapeln, ohne sie selbst aufnehmen zu müssen.

Das Tellerstapeln kann natürlich auch in umgekehrter Reihenfolge erfolgen. Stellen Sie hierfür die gestapelten Teller in die Tischmitte. Es wird wieder ein Mitspieler bestimmt, der beginnt. Nun versucht dieser, so lautlos wie möglich die Teller von dem Stapel abzuräumen und auf dem Tisch zu verteilen. Senioren mit einem guten Standgleichgewicht können auch versuchen, die Teller an die Plätze der anderen Mitspielenden zu stellen und so den Tisch zu decken. Für ganz fitte Gruppen können Sie zusätzlich Gläser auf den Tisch stellen. Wer kann diese lautlos an die Plätze zu den Tellern stellen?

# WO SPIELT DIE MUSIK?

## Material

- Aufnahmen von Alltagsgeräuschen *wie zum Beispiel Vogelgezwitscher, fahrende und/oder hupende Autos, das Tippen auf einer Schreibmaschine, Gemurmel, das Klingeln der Straßenbahn, den Scanner an der Ladenkasse, Glockengeläut, klapperndes Geschirr, Schritte durch herabgefallenes Laub …*
- Fotos oder Bilder, die die oben beschriebenen Geräusche darstellen, *zum Beispiel eine Straßenbahn, eine Schreibmaschine oder ein Kirchturm*

## Vorbereitungen und Spielaufbau

Nehmen Sie Alltagsgeräusche wie die oben beschriebenen auf. Alternativ werden eine Vielzahl von CDs mit gängigen und eindeutig identifizierbaren Geräuschen angeboten, die Sie für dieses Spiel verwenden können. Suchen Sie sich Bildmotive aus, die zu den Geräuschen passen. Das können selbst gemachte Fotos sein oder Bilder, die Sie ausdrucken oder aus alten Kalendern oder Zeitschriften ausschneiden. Wir empfehlen, die Materialien zu laminieren, so haben Sie deutlich länger Freude an dem Spiel. Legen Sie die entstandenen Bildkarten zunächst verdeckt auf einen Tisch. Die Senioren sitzen während des Spiels um den Tisch herum.

## So wird gespielt

Drehen Sie die Bilder und Fotos um und schauen Sie sich gemeinsam mit den Senioren die Motive an. Fragen Sie die Senioren, was sie auf den Bildern sehen. Benennen Sie gemeinsam die Motive. Dann spielen Sie die Geräusche einzeln und nacheinander ab. Fragen Sie nach jedem Geräusch, was die Senioren gehört haben und zu welchem Bild das Geräusch passen würde. Vielleicht fällt Ihnen oder den Senioren ja sogar eine kleine Geschichte dazu ein. Welche Erinnerungen wecken die Geräusche bei den Senioren? Hören die Mitspielenden das jeweilige Geräusch gern, oder ist es ihnen zu laut oder auf eine andere Art und Weise unangenehm?

## Varianten

Machen Sie ganz einfach eine Memo-Variante aus dem Spiel, indem Sie die Senioren zu Beginn bitten, sich die Bildkarten ganz genau anzusehen (die Anzahl der Bilder machen Sie von den Fähigkeiten der teilnehmenden Senioren abhängig). Dann drehen Sie alle Bilder und Fotos um. Spielen Sie ein Geräusch ab. Wer weiß, wo das passende Bild zu dem jeweiligen Geräusch liegt?

Leichter wird diese Variante, wenn Sie die Geräusche vor Beginn des Memo-Spiels den Bildern einmal zuordnen, also die Geräusche abspielen und das dazu passende Bild hochhalten.

# PLÄTZCHEN AUSSTECHEN

## Material

- Gekühlter Knetteig
- Nudelholz
- Mehl
- Sechs Ausstechförmchen (Motive passend zu Thema oder Jahreszeit)
- Ein Würfel mit Einstecktaschen mit einer Kantenlänge von ca. 10 cm Papier, Schere und Filzstift
- Backblech mit Backpapier
- Evtl. Messer zum Aufnehmen der Plätzchen

## Vorbereitungen und Spielaufbau

Bereiten Sie einen Knetteig vor und legen ihn zum Kühlen in den Kühlschrank. Bei dem Spiel sitzen die Senioren an einem Tisch, jeder benötigt einen Sitzplatz und, wenn er den Teig selbst ausrollen kann, auch ein Nudelholz und etwas Mehl.

Gestalten Sie die Würfelseiten, indem Sie Papier in der Größe der Einstecktaschen quadratisch zuschneiden und auf jedes der sechs Quadrate eines der Motive der sechs Ausstechförmchen zeichnen. Wenn der Würfel fertig ist, müssten darauf alle Förmchen je einmal vertreten sein.

Legen Sie Backpapier auf ein Backblech und platzieren Sie es in der Tischmitte. Der Würfel, das Nudelholz und die Ausstechförmchen werden ebenfalls dazugelegt.

## So wird gespielt

Jeder Mitspieler mehlt die Tischfläche vor sich ein, ggf. auch das Nudelholz. Alle bekommen nun ein Stück von dem Knetteig. Zu Beginn wird der Teig ausgerollt – am besten nicht zu dünn. Dann wird reihum gewürfelt. Auf dem Würfel erscheint eine Figur. Derjenige, der an der Reihe ist, sucht sich das passende Ausstechförmchen und sticht ein Plätzchen aus. Dann wird das Plätzchen auf das Backblech gelegt, und der Nächste ist mit dem Würfeln an der Reihe. Inwieweit Sie als Gruppenleitung die Senioren bei den Arbeitsschritten unterstützen, machen Sie am besten von der jeweiligen Situation abhängig. Die Plätzchen werden anschließend im Backofen gebacken und können nach dem Abkühlen auch noch nach Belieben verziert werden.

## Varianten

Wem die Variante mit echtem Knetteig aus irgendwelchen Gründen zu riskant ist (zum Beispiel, weil er zu schnell zu warm und klebrig wird oder weil nicht zu viel genascht werden soll), der kann auch auf Salzteig zurückgreifen.

Je nach Ressourcen der Senioren und nach Gruppenzusammensetzung haben Sie auch die Möglichkeit, selbst eine große Teigfläche in der Tischmitte auszurollen und die Senioren alle reihum dort ausstechen zu lassen – natürlich erst, nachdem sie gewürfelt haben.

Mit fitten Gruppen können Sie das Spiel erweitern: Schreiben Sie jeweils auf zwei Würfelseiten *Teig kneten*, *ausrollen*, *ausstechen,* und legen Sie alle Materialien wie oben angegeben bereit. Nun werden alle Arbeitsschritte vom Würfel vorgegeben. Fällt *ausstechen*, muss der Teig natürlich vorher trotzdem ausgerollt werden (sofern es nicht in dem Schritt davor geschehen ist).

Zusätzlich haben Sie bei dieser Variante die Möglichkeit, dass zwar einer der Senioren würfelt, aber alle mit ihrem Teig mitmachen können …

# WASSERTEMPERATUR

## Material

- Schüsseln oder Töpfe
- Wasser
- Ein Thermometer
- Eiswürfel

## Vorbereitungen und Spielaufbau

Befüllen Sie die Schüsseln und Töpfe mit unterschiedlich temperiertem Wasser. Bitte seien Sie vorsichtig, sonst besteht Verbrühungsgefahr! Testen Sie die Wassertemperatur in jedem Gefäß unbedingt einmal selbst, bevor Sie es den Senioren geben. Eiswürfel bieten bei diesem Spiel immer ein besonderes Sinneserlebnis. Bereiten Sie einen Tisch mit Sitzmöglichkeiten vor. Berücksichtigen Sie wie immer auch Plätze für die Rollstuhlfahrer.

## So wird gespielt

Stellen Sie jedem Mitspieler zunächst zwei Gefäße mit Wasser hin, und lassen Sie die Senioren die Temperatur des Wassers fühlen. Dafür können die Finger oder die ganze Hand in das Wasser gehalten werden. Fragen Sie die Senioren der Reihe nach, wie sich das Wasser anfühlt und welche Temperatur sie lieber mögen. Dann bitten Sie sie, zu sagen, welches Wasser wärmer und welches kälter ist. Wenn der Erste in der Runde die Temperaturen des Wassers gefühlt hat, ist der nächste Mitspieler an der Reihe.

## Varianten

Können die fitteren Mitspieler vielleicht sogar die Wassertemperatur schätzen? Lassen Sie alle Senioren nacheinander die Hände in dieselbe Schüssel mit Wasser halten. Dann bitten Sie sie, einen Schätzwert abzugeben, und schreiben Sie die Werte in eine Tabelle. Anschließend wird die tatsächliche Temperatur mit dem Thermometer gemessen.

Fitte Gruppen können drei Schüsseln mit Wasser (eine mit Eiswasser, eine weitere mit kaltem und eine dritte mit warmem Wasser) der Reihe nach sortieren – von kalt nach warm. Schaffen sie es auch, vier Schüsseln der Temperatur nach aufsteigend zu sortieren?

# WELCHER KNOPF PASST?

## Material

- Knöpfe in verschiedenen Größen, Formen und mit unterschiedlichen Strukturen, mindestens 2 von einer Sorte

## Vorbereitungen und Spielaufbau

Suchen Sie immer zwei gleiche Knöpfe aus. Ob die Knöpfe die gleiche Farbe haben, ist bei diesem Spiel nicht so wichtig, wie dass sie sich gleich anfühlen. Denn sie sollen durch bloßes Fühlen einander zugeordnet werden. Bereiten Sie einen Tisch mit Stühlen vor, und legen Sie die Knöpfe vor Spielbeginn bunt gemischt in die Tischmitte.

## So wird gespielt

Laden Sie die Senioren vor Beginn des Spiels einmal ein, sich alle Knöpfe in Ruhe anzuschauen und zu ertasten, wie sie sich anfühlen. Danach bitten Sie sie, ihre Augen zu schließen. Legen Sie jedem Mitspieler zwei Knopf-Pärchen an den Platz, und führen Sie die Hände so, dass sie alle vier Knöpfe tasten können. Nun sollen die Senioren die Knöpfe durch bloßes Tasten einander zuzuordnen. Es entstehen dabei zwei Pärchen.

## Varianten

Je nach Fähigkeiten der mitspielenden Senioren erhöhen Sie die Pärchen-Zahl, die ertastet werden soll. Beobachten Sie aber gut, ab welcher Knopf-Anzahl es für die Senioren schwierig wird – schließlich soll das Spiel in erster Linie Freude machen!

Sie können den Schwierigkeitsgrad gut durch die Größe oder durch verschiedene Materialien variieren. Ein sehr großer und ein klitzekleiner Knopf sind leichter zu unterscheiden als zwei, die sich in ihrer Größe ähnlich sind. Auch ein Lederknopf lässt sich durch bloßes Fühlen leichter von einem Knopf aus Kunststoff unterscheiden als zwei Jeanshosen-Knöpfe, die nur verschieden groß sind.

# KIRSCHKERNBAD

## Material

- Große Plastikkiste
- Kirschkerne (Menge je nach Größe der Kiste)
- Kleine Gegenstände in doppelter Ausführung

  *Beispiele:*
  - *Münzen*
  - *Knöpfe*
  - *Korken*
  - *Tischtennisbälle*
  - *Walnüsse*
  - *Deckel*
  - *Teelöffel*
  - …

## Vorbereitungen und Spielaufbau

Füllen Sie die Kiste mit Kirschkernen. Die Kiste sollte nur so voll werden, dass man noch gut darin „herumkramen" kann, ohne dass die Kirschkerne aus der Kiste herausgedrückt werden. Nun werden die Gegenstandspaare in dem Kirschkernbad versteckt.

## So wird gespielt

Die Spieler dürfen reihum ihre Hand und ihren Arm in das Kirschkernbad stecken. Allein das Spüren der Kirschkerne kann schon ein Erlebnis sein. Nun wird jeder Teilnehmer gebeten, zwei gleiche Gegenstände aus dem Kirschkernbad herauszusuchen.

## Varianten

Das Spiel in seiner ursprünglichen Version ist eher für fitte Teilnehmer geeignet. Ein bisschen einfacher wird es, wenn man von jedem Pärchen nur einen Partner im Kirschkernbad versteckt. Die dazu passenden zweiten Exemplare werden auf den Tisch gelegt. Wer an der Reihe ist, darf sich einen Gegenstand davon aussuchen und dann im Kirschkernbad das zweite Exemplar dazu suchen. In Gruppen, an denen Menschen mit Demenz teilnehmen, kann es ausreichen, wenn die Teilnehmer irgendein Teil aus dem Kirschkernbad heraussuchen.

Das Spiel kann außerdem gut durch die Auswahl der versteckten Gegenstände variiert werden. Größere Gegenstände sind leichter zu finden als kleine Gegenstände. Gegenstände mit einer außergewöhnlichen Form sind leichter zu finden als runde Gegenstände. Wenn Sie Gegenstände verwenden, die einen biografischen Bezug haben, kann das Kirschkernbad auch zur Eröffnung einer Erzählrunde genutzt werden. Sprechen Sie zum Beispiel über das Thema Wein, wenn ein Teilnehmer den Korken aus dem Kirschkernbad herausfischt; sprechen Sie über das Thema Handarbeiten, wenn Sie eine Häkelnadel im Kirschkernbad versteckt haben. Der Fantasie sind an dieser Stelle keine Grenzen gesetzt.

Selbstverständlich eignen sich nicht nur Kirschkerne zum Befüllen der Kiste. Auch getrocknete Bohnen, Reis o.Ä. sind dafür sehr gut geeignet.

# KNETSPIELE

## Material

- Knete
- Knetunterlage (Platzdeckchen, Wachstuchtischdecke)
- Nach Belieben: eine kleine Plastikrolle

## Vorbereitungen und Spielaufbau

Decken Sie den Tisch mit einer Wachstuchtischdecke ab, oder legen Sie Knetunterlagen bereit.

## So wird gespielt

Mit der Knete können Sie viele verschiedene kleine Übungen durchführen. Am Anfang ist es sinnvoll, die Teilnehmer das Material „Knete“ erst einmal erkunden zu lassen. Für viele Senioren ist es lange her, dass sie etwas aus Knete geformt haben. Soweit die Teilnehmer dies wünschen, dürfen sie einfach nach Belieben etwas formen. Erfahrungsgemäß fällt das manchen Teilnehmern leichter und anderen schwerer. Für einige Senioren ist es einfacher, sich mit der Knete zu beschäftigen, wenn sie eine konkrete Aufgabe oder Übungsanleitung bekommen. Dies könnte zum Beispiel sein:

- Kleine Kugeln aus der Knete formen. Die Kugeln können anschließend gestapelt werden.
- Kleine Kugeln formen und diese im Anschluss plattdrücken.
- Einen großen Ball aus der Knete formen. Den Kneteball zwischen beiden Händen hin und her rollen.

- Eine große Schlange aus der Knete rollen. Die Schlange so dünn und lang wie möglich rollen.
- Mehrere kleine Schlangen aus der Knete rollen. Alle Schlangen auf die gleiche Länge bringen.
- Mit einem Ring, einer Münze, Ausstechformen oder anderen Gegenständen Abdrücke in die Knete drücken.
- Die Knete mit der kleinen Plastikrolle ausrollen wie Plätzchenteig.
- Die Knete mit der Plastikrolle ausrollen und einen Handabdruck hineindrücken.

## Varianten

Spielen Sie „Knet-Scharade" mit fitten Teilnehmern, die dies feinmotorisch noch können. Bei diesem Spiel formt ein Teilnehmer aus Knete einen Gegenstand, und die anderen versuchen zu erraten, um was für einen Gegenstand es sich handelt. Wer an der Reihe ist, darf sich entweder selbst ausdenken, was er kneten will, oder er formt einen Gegenstand, dessen Namen die Spielleitung vorher auf einen Zettel geschrieben hat.

*Beispiele:*

- ▷ *Eimer*
- ▷ *Haus*
- ▷ *Baum*
- ▷ *Blume*
- ▷ *Hund*
- ▷ *Elefant*
- ▷ *Schlange*

# SANDSPIELE

## Material

- Große Kiste
- Spielsand
- Tablett mit hohem Rand
- *Nach Belieben:*
  - *Kleine Harke*
  - *Kleine Schaufel*
  - *Muscheln*
  - *Steinchen*
  - *Sandförmchen*
  - *Wasser*

## Vorbereitungen und Spielaufbau

Geben Sie den Sand in die große Kiste, und stellen Sie das Tablett daneben. Ordnen Sie die anderen Gegenstände auf dem Tisch an. Besonders schön ist es, wenn man die Sandspiele im Freien durchführen kann. Wenn die Sandspiele im Haus durchgeführt werden, sollte man Besen und Handfeger bereitstellen.

## So wird gespielt

Im Sand spielen macht nicht nur Kindern Spaß. In der Arbeit mit Menschen mit Demenz kann es ausreichen, wenn man den Sand zur Verfügung stellt und die Teilnehmenden ganz nach eigenem Ermessen taktile Erfahrungen mit dem Material machen lässt. Alternativ kann man den Umgang mit dem Sand auch anleiten und Vorschläge dazu machen:

- den Sand auf dem Tablett verteilen
- den Sand harken
- mit der Harke Muster in den Sand zeichnen
- mit den Fingern Muster in den Sand zeichnen
- mit dem Förmchen „Sandkuchen" herstellen
- mit den Muscheln und Steinchen Formen oder Muster in den Sand legen
- kleine Gräben oder Löcher in den Sand buddeln und Wasser hineinschütten
- den Sand mit dem Wasser vermischen
- Handabdrücke in den (nassen) Sand drücken
- Fußabdrücke in den (nassen) Sand drücken

## Varianten

Ein schönes Spiel, das ganz besondere Sinneseindrücke erlebbar macht, ist die Sandmalerei. Bei diesem Spiel malt einer der Teilnehmer etwas in den Sand, und die anderen Teilnehmer erraten, um was es sich handelt. Der Sand wird dafür dünn auf dem Tablett verteilt. Zum Malen werden die Finger benutzt. Der Malende kann sich entweder selbst ein Motiv ausdenken, oder die Spielleitung bereitet Zettel vor, auf denen Motiv-Vorschläge stehen. *Beispiele: Stern, Herz, Ball, Baum, Haus, Wolke …*

Anstatt mit den Fingern in den Sand zu malen, können die Senioren die Motive auch mit den kleinen Steinen oder den Muscheln legen.

# TASTKISTEN

## Material

- Schuhkartons
- Schere
- Alltagsgegenstände

*Beispiele:*

- *Wolle*
- *Tischtennisball*
- *Löffel*
- *Pfannenwender*
- *Zahnputzbecher*
- *Kugelschreiber*
- *Rolle Klebefilm*
- *Stoffreste*

## Vorbereitungen und Spielaufbau

Schneiden Sie in eine schmale Seitenwand jedes Schuhkartons ein Loch. Das Loch sollte so groß sein, dass man bequem mit der Hand in den Karton hineinfassen kann. Legen Sie einen Gegenstand in jeden Schuhkarton, und verschließen Sie den Karton mit dem Deckel. Stellen Sie die Schuhkartons so auf, dass die Teilnehmenden nicht sehen können, was für ein Gegenstand sich darin befindet.

## So wird gespielt

Die Teilnehmenden fassen in das Loch des Schuhkartons und versuchen zu erfühlen, was für ein Gegenstand sich in dem Karton befindet. Sie lassen sich beim Ertasten viel Zeit und nennen dann den Namen des Gegenstands.

## Varianten

Bei kleineren Gegenständen ist es schwerer zu erraten, um was es sich handelt, bei größeren Gegenständen ist es einfacher. Für fittere Teilnehmer können auch mehrere kleine Gegenstände in einem Schuhkarton deponiert werden.

*Beispiele für kleinere Gegenstände:*

- *Kastanien*
- *Walnüsse*
- *Holzdübel*
- *Münzen*
- *Knöpfe*
- *Wäscheklammern*
- *Flaschendeckel*

Mit mehreren Gegenständen können unterschiedliche Arbeitsaufträge formuliert werden. Beispiele:

- Suchen Sie einen Gegenstand heraus, der rund ist.
- Suchen Sie den kleinsten Gegenstand heraus.
- Suchen Sie den größten Gegenstand heraus.
- Suchen Sie den Gegenstand heraus, der in die Küche gehört.
- Suchen Sie einen Gegenstand heraus, den man im Bad benötigt.
- Suchen Sie einen Gegenstand heraus, der mit dem Buchstaben A beginnt.

Es kann auch ein Gegenstand konkret benannt werden, der dann von dem Teilnehmenden aus dem Schuhkarton herausgesucht wird. Eine andere Möglichkeit ist, verschiedene kleine Gegenstände in den Schuhkarton zu legen, darunter einen Gegenstand in doppelter Ausführung. Die Teilnehmer müssen dann den Gegenstand finden, der doppelt vorhanden ist. Oder Sie legen alle Gegenstände in doppelter Ausführung in den Schuhkarton. Die Teilnehmenden müssen dann jeweils eines der Pärchen aus dem Schuhkarton heraussuchen.

# WAS HAB ICH JETZT AN?

## Material

- Kleidung und Accessoires

*Beispiele:*

- *Broschen, Ohrclips*
- *Tücher*
- *Krawatte/Fliege*
- *Halsketten, Armbänder*
- *Brille/Sonnenbrille*
- *Armbanduhr*
- *Schuhe*
- *Mütze/Hut*
- *Schal, Handschuhe*
- *Weste*

## Vorbereitungen und Spielaufbau

Bei diesem Spiel muss sich die Gruppenleitung vorher viele Gedanken über das machen, was sie anzieht und am Körper trägt. Wichtig ist, dass einige Elemente der Kleidung leicht ersetzbar sind. In dem Spiel kommt es darauf an, dass die Gruppenleitung Teile ihrer Kleidung schnell austauschen kann.

## So wird gespielt

Die Gruppenleitung bittet die Teilnehmer darum, sich ganz genau einzuprägen, was sie trägt und wie sie angezogen ist. Anschließend verlässt die Gruppenleitung den Raum und ändert ein oder mehr Details ihrer Kleidung. Sie könnte zum Beispiel einen Schal gegen ein Tuch austauschen oder statt Turnschuhen Pumps anziehen. Wenn mehr Details ausgetauscht werden, wird das Spiel schwieriger. Auch wenn die ausgetauschten Details kleiner sind, wird es schwieriger für die Teilnehmer. Ein kleines Detail könnte zum Beispiel das Austauschen einer Brosche gegen eine andere sein.

Wenn die Gruppenleitung den Raum wieder betritt, bittet sie die Teilnehmer herauszufinden, welche Details ihrer Kleidung und ihrer Accessoires sich geändert haben. Sie kann die Teilnehmer entweder bitten, die Antwort sofort zu nennen, oder sie bittet die Teilnehmer, mit der Antwort abzuwarten, damit jeder Teilnehmende die Chance hat, Unterschiede zu entdecken.

## Varianten

In der klassischen Version dieses Spiel ändert nur die Gruppenleitung Details an ihrem Äußeren. In fitteren Gruppen kann das An- und Umziehen auch durch die Teilnehmer reihum übernommen werden. Hierfür stellt die Gruppenleitung einen Korb mit kleineren Utensilien (Armbänder, Ketten, Ohrclips, Broschen, Brillen, Gürtel, Tücher etc.) vor die Tür. Nun verlässt ein Teilnehmer die Gruppe, sucht sich ein Accessoire aus und legt es an. Wenn der Teilnehmende wieder hereinkommt, versucht die Gruppe zu erraten, welches Accessoire nicht Teil seines ursprünglichen Outfits war.

# ICH SEHE WAS ...

## Materialien

- Verschiedene Alltagsgegenstände zu einem Thema, zum Beispiel verschiedene Lebensmittel

## Vorbereitungen und Spielaufbau

Die Teilnehmenden sitzen bei diesem Spiel am besten an einem Tisch. Die Alltagsgegenstände werden so auf dem Tisch verteilt, dass alle Teilnehmenden sie gut sehen können. Es ist auch möglich, das Spiel in einem Stuhlkreis ohne Tisch zu spielen. Da die Gegenstände dann allerdings auf dem Boden liegen, können sie von den Teilnehmenden unter Umständen nicht so gut gesehen werden. Wählen Sie in diesem Fall etwas größere Gegenstände aus. Grundsätzlich müssen Sie natürlich immer Rücksicht auf die visuellen Möglichkeiten Ihrer Teilnehmer nehmen.

## So wird gespielt

Aus Kindertagen kennt fast jeder das Spiel „Ich sehe was, was du nicht siehst“. In der klassischen Version sucht sich ein Mitspieler einen Gegenstand irgendwo im Raum aus und nennt dessen Farbe mit den Worten „Ich sehe was, was du nicht siehst, und das ist rot/grün/blau/…“. Die anderen Mitspieler nennen dann reihum irgendwelche Gegenstände, die die genannte Farbe haben. Wenn der „richtige“ Gegenstand genannt wurde, ist der nächste Mitspieler an der Reihe.

In der hier vorgestellten Version für Senioren wählt die Gruppenleitung oder ein Mitspieler einen Alltagsgegenstand vom Tisch aus. Nun sucht er sich eine bestimmte Eigenschaft des Gegenstandes aus und nennt diese. Die Eigenschaft kann die Farbe sein, muss aber nicht die Farbe sein. Er kann auch sagen: „Ich sehe was, was du nicht siehst, und das ist länglich“, oder: „Ich sehe was, was du nicht siehst, und das ist rund“, oder: „Ich sehe was, was du nicht siehst, und das ist hart.“ Die anderen Mitspieler versuchen nun zu erraten, um welchen Gegenstand es sich handelt. Dann ist der nächste Spieler an der Reihe. Derselbe Gegenstand darf mehrfach ausgesucht werden, die Eigenschaft muss aber jeweils unterschiedlich gewählt werden.

### Varianten

Die Schwierigkeit des Spiels kann gut mit der Auswahl der Gegenstände variiert werden. Je ähnlicher sich die Gegenstände sind (zum Beispiel ausschließlich grünes Obst und Gemüse), desto schwieriger wird das Spiel.

# PUZZLES

## Material

- Alte Postkarten
- Alte Kalenderblätter
- Alte Fotos, die nicht mehr benötigt werden
- Schere
- Evtl. Laminiergerät und Laminierfolie

## Vorbereitungen und Spielaufbau

Nehmen Sie die alten Postkarten, Kalenderblätter oder Fotos, und laminieren Sie diese nach Möglichkeit. Durch das Laminieren kann das Puzzle ohne Probleme oft eingesetzt werden. Auch Flecken von klebrigen Händen lassen sich so ganz leicht abwischen. Zerschneiden Sie die laminierten Bilder in mehrere Teile. Passen Sie die Anzahl der Teile an die Möglichkeiten Ihrer Gruppe oder Ihres Teilnehmers an. Berücksichtigen Sie dabei sowohl die visuellen als auch die feinmotorischen Möglichkeiten der Teilnehmenden.

## So wird gespielt

In der leichten Version bekommt jeder Teilnehmer ein Puzzle und versucht, es zusammenzusetzen. In der anspruchsvolleren Version werden verschiedene Puzzle-Bilder miteinander gemischt, und der Teilnehmer oder die Teilnehmenden versuchen, die einzelnen Bilder richtig zusammenzusetzen. Wenn man die gewählten Bilder vor dem Zerschneiden einmal fotokopiert, kann man die Bild-Kopie als Hilfestellung verwenden, falls die Puzzle-Aufgabe sonst zu schwierig ist.

In diesem Fall kann das Puzzle dann direkt auf der Bild-Kopie zusammengesetzt werden. So lässt sich das Puzzeln auch mit vielen Menschen mit Demenz gut umsetzen.

### Varianten

Selbstverständlich können Sie auch auf fertige Puzzles zurückgreifen oder andere kreative Puzzles herstellen. Man kann zum Beispiel Eisstiele nebeneinanderlegen und mit Servietten und Serviettenkleber ein Bild darauf anbringen. Wenn man die Eisstiele dann voneinander trennt, können sie als Puzzles wieder zusammengesetzt werden. Sehr schön ist auch ein Puzzle, bei dem man das Bild in Ringen auseinanderschneidet. Hierfür müssen Sie mithilfe eines Zirkels zuerst Ringe im gewünschten Durchmesser auf das Bild malen. Wer keinen Zirkel hat, verwendet Teller, Tassen und andere runde Dinge in unterschiedlicher Größe und benutzt sie als Schablonen. Dann werden die Ringe vorsichtig ausgeschnitten und können anschließend von den Teilnehmern als Puzzle wieder zusammengesetzt werden.

# ZEIG DICH!

## Material

- Große Bilder oder alte Kalenderblätter mit großen Motiven (zum Beispiel mit Tieren)
- Klebezettelevtl. Laminiergerät und Laminierfolien

## Vorbereitungen und Spielaufbau

Falls ein Laminiergerät vorhanden ist, lohnt es sich, für dieses Spiel die Kalenderblätter oder Bilder zu laminieren. Es funktioniert aber auch ohne. Vor dem Spiel muss die Spielleitung das Bild mit den Klebezetteln abkleben. Dabei werden die Klebezettel so nebeneinander positioniert, dass sie nicht überlappen und dass das darunterliegende Bild nicht mehr zu sehen ist.

## So wird gespielt

In der Spielrunde entfernt die Spielleitung langsam nacheinander einen Klebezettel nach dem anderen. Die Teilnehmenden versuchen zu erraten, was auf dem Bild zu sehen ist. Der Teilnehmer, der als Erstes errät, um welches Motiv es sich handelt, hat die Runde gewonnen.

Das Spiel kann entweder als Element in Aktivierungs-, Spiel- oder Gedächtnistrainingsrunden eingesetzt werden oder allein für sich gespielt werden. Wenn nur dieses Spiel gespielt wird, lohnt es sich, mehrere Bilder vorzubereiten. Besonders schön ist es, wenn die vorbereiteten Bilder zu einem übergeordneten Thema passen.

## Varianten

Man kann auch einige Bilder so zuschneiden, dass sie gut in einen Schuhkarton hineinpassen. Der Rand am Deckel des Schuhkartons wird entfernt. Der Deckel wird dann in eine beliebige Anzahl von Teilen zerschnitten. Das Bild wird in den Schuhkarton hineingelegt, und die Teile des Deckels werden auf dem Bild zusammengesetzt. Nun kann die Spielleitung einen Teil des Deckels nach dem anderen wegnehmen. Dabei versuchen die Teilnehmenden zu erraten, was die Abbildung zeigt. Auf diese Weise muss man die ausgewählten Bilder nicht jedes Mal mit Klebezetteln abkleben.

Das Spiel kann auch als Würfelspiel gestaltet werden. In diesem Fall bekommt jeder Teilnehmer ein Bild, das mit Klebezetteln abgedeckt ist. Anschließend wird reihum gewürfelt. Der Teilnehmer, der würfelt, darf so viele Klebezettel von seinem Bild entfernen, wie es die Augenzahl des Würfels anzeigt. Wer kann schon in der ersten Runde erraten, was für ein Motiv auf seinem Bild zu sehen ist? Wer braucht noch eine weitere Runde, um es herauszufinden?

# WAS IST ANDERS?

## Material

- Eine Decke oder ein großes Tuch
- Verschiedene Alltagsgegenstände

*Beispiele:*

- *Küchenutensilien*
- *Kleidungsstücke*
- *Büromaterial*
- *Lebensmittel*

## Vorbereitungen und Spielaufbau

Bei diesem Spiel sitzen die Senioren in einem Stuhlkreis oder an einem Tisch. In der Mitte wird eine Decke oder ein großes Tuch ausgebreitet. Auf dem Tuch werden verschiedene Alltagsgegenstände arrangiert.

## So wird gespielt

In der leichten Version des Spiels werden die Teilnehmer gebeten sich einzuprägen, welche Gegenstände sich auf dem Tuch bzw. der Decke befinden. Danach schließen die Teilnehmer kurz die Augen, und die Gruppenleitung entfernt einen oder zwei Gegenstände. Die Teilnehmer sollen nun herausfinden, welche Gegenstände fehlen.

Der Schwierigkeitsgrad des Spiels kann auf viele unterschiedliche Arten angepasst werden. Beispiele:

Die Gruppenleitung entfernt einen oder zwei Gegenstände *und* ordnet die restlichen Gegenstände auf dem Tuch neu an.

Die Gruppenleitung tauscht einen Gegenstand gegen einen anderen aus. Je ähnlicher sich die beiden Gegenstände sind, desto schwieriger ist die Spielaufgabe. Es könnte zum Beispiel ein grüner Apfel gegen eine grüne Birne ausgetauscht werden oder eine blaue Wäscheklammer gegen eine grüne Wäscheklammer.

Die Teilnehmer werden nicht nur gebeten, sich die Gegenstände einzuprägen, sondern auch deren Position. Die Gruppenleitung ordnet die Gegenstände alle neu an. Die Teilnehmer, sollen die Gegenstände wieder in die ursprüngliche Ordnung zurückbringen.

### Variante

„Unordnung im Schuhkarton“ ist eine Variante dieses Spiels. Hierfür werden kleinere Gegenstände in einem Schuhkarton platziert. Der Rest des Spiels verläuft nach den gleichen Grundsätzen wie bei der Ursprungsvariante. Ein Schuhkarton hat den Vorteil, dass er zum Verändern oder Vertauschen der Gegenstände mit vor die Zimmertür genommen werden kann. In manchen Senioren-Gruppen gibt es Teilnehmer, die Schwierigkeiten haben, die Augen zu schließen beziehungsweise die Spielaufgabe gut umzusetzen. Auch wenn es die Gruppenleitung vielleicht gar nicht stört, wenn jemand aus Versehen zuschaut, so kann dies doch bei den anderen Mitspielern für Unmut sorgen.

# DIE FARBE ZÄHLT

## Material

- Bunte Wäscheklammern
- Tonkarton in den Farben der vorhandenen Wäscheklammern

## Vorbereitungen und Spielaufbau

Bereiten Sie einen kleinen Korb oder eine kleine Schüssel mit Wäscheklammern in verschiedenen Farben vor. Legen Sie außerdem Tonkarton in den Farben der Wäscheklammern bereit. Besonders schön ist es, wenn der Tonkarton vorab in große Kreise zugeschnitten wird.

## So wird gespielt

Das Spiel wird in mehreren Runden gespielt. Die Teilnehmenden suchen sich reihum eine Wäscheklammer aus und befestigen diese dann an dem Tonkarton in der entsprechenden Farbe. Dieses Spiel ist auch für viele Menschen mit Demenz noch lange geeignet.

In fitteren Gruppen kann der Tonkarton in der Mitte liegen, und die Teilnehmer tauschen sich darüber aus, wer gerade welchen Tonkarton zum Befestigen der Klammern benötigt.

## Varianten

Wer Zeit und Lust zum Basteln hat, kann auch einen einzigen großen mehrfarbigen Tonkartonkreis basteln, an dem die Wäscheklammern befestigt werden sollen. Hierfür wird ein großes Stück Tonkarton in beliebiger Farbe zu einem Kreis zugeschnitten. Dieser Kreis wird mit Bleistift und Lineal in so viele Kreissegmente („Tortenstücke") unterteilt, wie Wäscheklammerfarben vorhanden sind. Nehmen Sie anschließend das Tonpapier in den Farben der Wäscheklammern; schneiden Sie daraus Stücke zurecht, die die Größe der Kreissegmente haben. Kleben Sie diese Segmente auf die große Tonpapierscheibe. Während des Spiels sollen die Wäscheklammern immer an das richtige „Tortenstück" geklammert werden – also das in der Farbe der Klammer.

Nicht nur Wäscheklammern lassen sich nach Farben sortieren. Auch bunte Knöpfe, Stoffreste, Pompons, Tonkartonstückchen, bunt angemalte Korken etc. eignen sich ganz hervorragend zum Sortieren. Auch bei den Gefäßen, in die man hineinsortiert, kann man seiner Kreativität freien Lauf lassen. Eine Muffinform, alte Butterbrotdosen, Gläser, Metalldosen, Eierbecher oder Eierkartons eignen sich für verschiedene Aufgaben zum Farbensortieren.

Es soll ein bisschen näher am Alltag sein? Wie wäre es mit einer lustigen Runde „Socken sortieren"? Ein Spiel, das die meisten schon mehrmals in ihrem Leben gespielt haben … Der Biografiebezug ist also gegeben. In der Gruppe macht es allerdings wesentlich mehr Spaß!

# EIN FEINER SCHMELZ IM MUND

## Material

- Schokolade in verschiedenen Geschmackssorten (möglichst würfelförmig)

## Vorbereitungen und Spielaufbau

Die Gruppenleitung entfernt die Verpackung der Schokolade und entsorgt sie, sodass die Teilnehmenden die Verpackung nicht sehen können. Die Schokolade wird entweder in Stückchen geschnitten oder ist bereits in Würfelform vorhanden. Sollte die Schokolade nicht in Würfelform vorliegen, muss bei der Auswahl der Sorte darauf geachtet werden, dass man diese nicht schon allein am Aussehen der Schokolade erkennt. Sie können bis zu drei Durchgänge spielen. Mehr empfehlen wir nicht, da Sie die Teilnehmer dann leicht überfordern können. Wenn Sie sich entscheiden, mehr als eine Sorte Schokolade anzubieten, dann drapieren Sie jede Sorte auf einem anderen Teller. Je exotischer die ausgewählte Schokoladensorte ist, desto schwieriger wird dieses Schmeckspiel.

## So wird gespielt

Geben Sie den Teller oder einen der Teller herum, und bitten Sie jeden Teilnehmer, sich ein Stück Schokolade zu nehmen. Fordern Sie die Teilnehmenden auf, das Stück Schokolade unter die Zunge zu legen und nicht zu kauen oder zu lutschen. Bitten Sie die Teilnehmenden, in Ruhe abzuwarten, bis die Schokolade anfängt, von selbst zu schmelzen. Welcher Teilnehmer schmeckt als Erster heraus, um welche Schokoladensorte es sich handelt?

### Varianten

Wenn Sie auf verschiedene Sorten Schokolade zurückgreifen, können Sie in einer Spielrunde auch unterschiedliche Schokoladensortenstückchen an die mitmachenden Teilnehmer verteilen. Schreiben Sie die vorhandenen Sorten auf ein Flip-Chart, an eine Tafel oder auf ein großes Stück Papier. Die Teilnehmenden können nun erraten, zu welcher „Schokoladengruppe" sie gehören. Damit Sie selbst den Überblick behalten, kann es von Vorteil sein, die Schokoladenstückchen auf Tellern in unterschiedlichen Farben anzurichten.

Schließen Sie eine kleine biografische Erzählrunde rund um das Thema Schokolade an das Schmeckspiel an:

- Was ist die Lieblingsschokolade der Teilnehmer?
- Zu welchen Anlässen gab es früher Schokolade?
- Haben die Teilnehmer schon einmal selbst Pralinen hergestellt?

# FRISCH GESPRESST

## Material

- Verschiedene Sorten Saft
- Pinnchen (gibt es auch aus Plastik)

## Vorbereitungen und Spielaufbau

Die Spielleitung füllt die verschiedenen Säfte in Pinnchen. Für jeden Teilnehmer sollte ein Pinnchen mit jeder Saftsorte zur Verfügung stehen. Die Teilnehmenden sollten die Saftverpackungen nicht sehen können.

## So wird gespielt

Das Spiel wird in mehreren Runden gespielt. In jeder Runde gibt die Spielleitung allen Teilnehmern ein Pinnchen derselben Saftsorte. Die Teilnehmenden probieren den Saft und versuchen zu erraten, um welche Sorte es sich handelt. Die Spielleitung kann das Spiel entweder so moderieren, dass jeder seine Vermutungen über die Saftsorte sofort äußern kann, oder sie bittet die Teilnehmer, sich erst auf Aufforderung zu äußern, damit alle Teilnehmenden zunächst die Chance haben, sich in Ruhe auf den Geschmack zu konzentrieren.

Dieses Spiel wird umso schwieriger, je ähnlicher sich die ausgewählten Saftsorten sind. Manche Saftsorten kann man zum Beispiel schon an der Farbe ganz gut erkennen. Wenn Sie aber nur auf gelbe und orangefarbene Säfte zurückgreifen, wird das Spiel schwieriger. Beispiele dafür sind: Apfelsaft, Orangensaft, weißer Traubensaft, Mangosaft, Birnensaft, Ananassaft.

In Gruppen mit Menschen mit Demenz kann es hilfreich sein, wenn die Saftverpackungen sichtbar sind. Die Teilnehmenden können dann ihr Pinnchen der entsprechenden Saftverpackung zuordnen.

### Variante

Besonders schön ist es auch, wenn dieses Schmeckspiel zu einem Zuordnungsspiel umgewandelt wird. Dafür benötigen Sie neben den Säften auch noch die passenden Obstsorten. Schneiden Sie das Obst vor Beginn des Spiels in mundgerechte Stücke, und richten Sie es auf kleinen Tellern oder in kleinen Schüsseln an. Die Teilnehmenden werden nun gebeten, das Obst und den Saft einander zuzuordnen. Selbstverständlich dürfen auch die Obststückchen nach Herzenslust probiert werden.

Sprechen Sie im Anschluss an das Spiel oder während des Spiels über die Saftherstellung.

Haben die Teilnehmer schon einmal selbst Saft hergestellt? Wenn ja, aus welchen Obstsorten? Kam das Obst aus dem eigenen Garten? Wie wurde der Saft hergestellt? Kennen die Mitspieler Methoden, um Saft kalt zu pressen, und Methoden, um Saft heiß zu pressen?

# EIN KLEINER APFEL

## Material

- Verschiedene Apfelsorten
- Messer
- Kleine Teller

## Vorbereitungen und Spielaufbau

Die Gruppenleitung schält die Äpfel und schneidet sie gleichmäßig in kleine, mundgerechte Stücke. Sie richtet jede Apfelsorte auf einem eigenen Teller an und merkt sich, welche Sorte auf welchem Teller liegt. Schön ist es, wenn für das Spiel bekannte Apfelsorten ausgewählt werden wie zum Beispiel „Granny Smith", „Braeburn", „Elstar" oder „Boskoop". Jeder Apfel sollte auch noch einmal ungeschält und unzerschnitten vorhanden sein.

## So wird gespielt

Die Teilnehmenden probieren die Apfelsorten und schmecken ganz genau hin. Welcher Apfel ist der süßeste? Welcher Apfel ist der sauerste? Welcher Apfel hat die festeste Konsistenz? Welcher Apfel ist am mehligsten?

Haben die Teilnehmer vielleicht sogar eine Idee, um welche Apfelsorte es sich handeln könnte? Es darf wild spekuliert werden. Wenn die Teilnehmer erste Vermutungen geäußert haben, holt die Spielleitung die noch vorhandenen ganzen Äpfel hervor, und die Teilnehmer versuchen gemeinsam, den jeweiligen Apfel dem passenden Teller zuzuordnen. Um es noch einfacher zu machen, kann die Gruppenleitung nun auch die Namen der Apfelsorten nennen, sofern die Teilnehmer noch nicht selbst darauf gekommen sind.

## Varianten

Äpfel können für die unterschiedlichsten Zwecke eingesetzt werden. Was haben die Teilnehmer alles aus Äpfeln hergestellt oder mit Äpfeln gekocht? Apfelmus, Apfelkuchen, Apfelküchle? Rotkohl mit Äpfeln, Bratäpfel, Apfelstrudel, Apfelsaft, Apfelwein? Welche Apfelsorte haben sie für die unterschiedlichen Zwecke verwendet? Warum? Hatten die Teilnehmenden früher selbst einen Apfelbaum im Garten? Wenn ja, welche Apfelsorte wuchs dort? Wenn nein, wo haben die Teilnehmer früher ihre Äpfel gekauft, eher auf dem Markt oder eher im Geschäft? Wurden Äpfel bei den Teilnehmern früher eingelagert? Was muss beim Einlagern von Äpfeln beachtet werden, damit diese lange frisch bleiben?

# EISSCHLEMMEREI

## Material

- Verschiedene Sorten Speiseeis von ähnlicher Farbe (3 Sorten sind optimal)
  - *Beispiele: Himbeereis, Erdbeereis, Kirscheis*
- Kleine Schälchen
- Kleine Löffel

## Vorbereitungen und Spielaufbau

Dieses Spiel eignet sich ganz besonders für heiße Sommertage. Aus diesem Grund ist auch die Gefahr, dass das Eis schnell schmilzt, sehr hoch. Das Spiel kann also nicht lange im Voraus vorbereitet werden. Da die Teilnehmenden trotzdem nicht sehen sollen, welche Eissorte in welchem Schälchen landet, muss die Gruppenleitung eine Möglichkeit schaffen, das Eis so umzufüllen, dass die Teilnehmer es nicht sehen können.

Jeder Teilnehmer bekommt von jeder Eissorte ein Schüsselchen mit einer kleinen Kugel Eis.

## So wird gespielt

In jeder Spielrunde probieren die Teilnehmer eine der Eissorten und versuchen zu erraten, um welche Sorte es sich handelt. Die Gruppenleitung legt vorher fest, ob die Teilnehmer ihre Vermutungen sofort äußern sollen oder erst einmal abwarten, damit jeder die Chance hat, sich zunächst selbst ein Urteil zu bilden. Das Eis darf selbstverständlich im Anschluss an die Spielrunde aufgegessen werden.

### Varianten

Schließen Sie eine kleine Erzählrunde oder eine kleine Raterunde an das Spiel an. Erinnern sich die Teilnehmer noch daran, wann die erste Eisdiele in ihrem Ort eröffnet hat? Waren die Teilnehmer früher manchmal in einer Milchbar? Was ist die Lieblingseissorte der Teilnehmer? Zu welchen Anlässen essen die Teilnehmenden am liebsten ein Eis? Wissen die Teilnehmenden, aus welchen Zutaten Eis hergestellt wird? Haben die Teilnehmenden schon einmal Eis selbst hergestellt? Was bestellen die Teilnehmenden am liebsten in einer Eisdiele? Welche Zutaten kommen in einen Bananen-Split? Aus welchen Zutaten besteht ein Spaghetti-Eis? Mit welchen Dingen werden Eisbecher in einer Eisdiele verziert? (Beispiele: Schirmchen, Obst, Streusel.)Wenn Sie einen Eisportionierer haben, können die Teilnehmenden auch selbst versuchen, Eiskugeln herzustellen.

# ABWARTEN UND TEE TRINKEN

## Material

- Verschiedene Sorten Tee (gerne auch etwas exotischere Sorten)
- Pro Teesorte eine Thermoskanne
- Viele Tassen

## Vorbereitungen und Spielaufbau

Der Tee wird aufgebrüht, und jede Teesorte wird in eine Thermoskanne gefüllt. Alle Teilnehmer bekommen eine Tasse.

## So wird gespielt

Die Gruppenleitung füllt in jeder Spielrunde Tee von einer der Sorten in die Tassen der Teilnehmer. Die Teilnehmer probieren den Tee und versuchen zu erraten, um welche Teesorte es sich handelt. Die Gruppenleitung kann entscheiden, ob die Teilnehmer ihre Vermutungen sofort äußern dürfen, oder ob sie abwarten sollen, bis jeder Teilnehmer die Chance hatte, mitzuraten. Je ähnlicher die Teesorten sind, desto schwieriger wird dieses Spiel. Besonders schwierig ist es, wenn Sie zum Beispiel nur auf verschiedene grüne Teesorten zurückgreifen.

## Variante

In Gruppen mit fitten Teilnehmern kann das Trinken des Tees auch als Würfelspiel und Quizrunde gestaltet werden. Dafür werden sechs verschiedene Sorten Tee benötigt. An jeder der sechs Thermoskannen wird ein Zettel mit einer Zahl zwischen eins und sechs befestigt. Der erste Teilnehmer beginnt und würfelt. Wenn er beispielsweise eine Drei würfelt, bekommt er einen Schluck Tee aus der Thermoskanne mit der Drei. Der Teilnehmer hat nun genau eine Chance zu erraten, um welche Teesorte es sich handelt. Wenn er richtig geraten hat, dürfen die anderen Teilnehmer den Tee ebenfalls probieren, und die Thermoskanne wird weggestellt. Rät er falsch, wird einfach weitergespielt, und der Nächste in der Runde darf würfeln. Wenn ein Teilnehmer eine Zahl würfelt, deren Thermoskanne schon weggestellt wurde, muss er aussetzen und der Nächste ist dran. Das Spiel ist zu Ende, wenn alle Teesorten erraten und alle Thermoskannen weggestellt wurden.

Nehmen Sie sich im Anschluss an die Teerunde Zeit, um über das Sprichwort „Abwarten und Tee trinken“ ins Gespräch zu kommen. Gibt es Situationen, in denen die Teilnehmenden ungeduldig sind? Erinnern sich die Teilnehmer an Situationen aus ihrem Leben, in denen ihnen ein bisschen mehr Geduld gutgetan hätte? Was empfinden die Teilnehmer, wenn sie eine Tasse Tee trinken? Macht es sie ein bisschen geduldiger? Werden sie durch das Trinken von Tee ruhiger?

# GESCHMACKS-KIM (GESCHMACKS-TELLER)

## Material

- Verschiedene Lebensmittel, darunter auch solche mit einem starken Eigengeschmack.
  *Beispiele:*
  - *Gewürzgurken*
  - *Gummibärchen*
  - *Schokolade*
  - *Mandarinenstückchen*
  - *Obst in mundgerechten Stückchen*
  - *Gemüse in mundgerechten Stückchen*
  - *Brotstücke*
- Kleine Teller
- Zahnstocher

## Vorbereitungen und Spielaufbau

Geben Sie die Lebensmittel auf die kleinen Teller – ein Teller pro Sorte. Schneiden Sie dafür das Brot, Obst, Gemüse etc. in kleine Stücke, und stecken Sie in jedes Stück einen Zahnstocher. Sie können auch auf flüssige Lebensmittel zurückgreifen, dann benötigen Sie aber für jeden Teilnehmer je Lebensmittelsorte einen eigenen kleinen Löffel und eine eigene kleine Schüssel. Beispiele für flüssige Lebensmittel sind: Quark, Joghurt, Marmelade, Honig, Pudding. Die Auswahl der Lebensmittel bestimmt den Schwierigkeitsgrad des Spiels. Je stärker der Eigengeschmack, desto leichter ist das Spiel. Beispiele für Lebensmittel mit einem starken Eigengeschmack sind Schokolade und Gewürzgurke.

Bereiten Sie einen großen Tisch mit Stühlen vor, und stellen Sie die Teller oder Schüsseln auf ein Tablett. Decken Sie sie mit einem Tuch ab.

Vergessen Sie nicht, sich im Vorfeld des Spiels über mögliche Allergien, Unverträglichkeiten oder Abneigungen der Teilnehmer zu informieren.

## So wird gespielt

Es wird in mehreren Runden gespielt. Bitten Sie die Teilnehmer, die Augen zu schließen, und geben Sie jedem einen Zahnstocher/einen Löffel mit derselben Lebensmittelprobe in die Hand. Bitten Sie die Teilnehmer, zu probieren. Nachdem dies geschehen ist, dürfen Vermutungen darüber geäußert werden, um was für eine Lebensmittelsorte es sich handelt. Die Spielleitung löst auf, und die nächste Lebensmittelprobe wird ausgeteilt.

## Varianten

Bei fitten Gruppen können Sie jedem Teilnehmenden einen Zettel geben und dann alle bitten, nach jeder Lebensmittelprobe zu notieren, um was es sich handelte – ohne es laut zu sagen. Die Lösung wird erst dann in der Gruppe diskutiert, wenn alle Teilnehmer alle Lebensmittel probiert haben. Wer hat die meisten richtig erkannt?

Für Menschen mit kognitiven Einschränkungen kann es leichter sein, die Wahrnehmungsübung zu meistern, wenn sie mehrere Auswahlmöglichkeiten hinsichtlich der richtigen Lösung haben. Fragen Sie in diesem Fall nicht: „Was für ein Lebensmittel könnte das sein?“ Fragen Sie lieber: „Ist das eher eine Apfelstück oder eher ein Birnenstück?“